임명장

교토 여행의

대장으로 _____ 을(를)

임명합니다.

대장과 함께 하는 우리의 다짐!

1. 대장이 길을 잃어도 비난하지 않습니다!

2. 대장은 팀원과 함께 협동해야 합니다!

3. 대장은 독단적으로 행동하지 않습니다!

4. 대장은 팀원 중 힘든 사람이 있을 때 반드시 쉬어가자고 이야기해야 합니다.

5. 시간 상 보물찾기를 다 못했다고 해도 대장과 팀원들은 슬퍼하거나 노여워하지 않습니다.

6. 팀원들은 대장을 격려하고 칭찬해주어야 합니다.

년   월   일

대장 _____

팀원 _____

일본 전통의 멋스러움이 흠뻑 담긴 거리!
'기온'에 온 것을 환영해.

일본 간사이 지방(교토부)

교토 기온거리에서는 일본 전통의상인 '기모노'나 '유카타'를 입은 사람들을 많이 볼 수 있어.

기모노 일본 전통의상 중 정장에 가깝다.
유카타 일본 전통의상이지만 기모노보다 좀 더 간편하게 입도록 만들어졌다.

교토는 **천 년** 넘게(794~1864) 일본의 도읍지였기 때문에 일본에서 가장 많은 세계문화유산을 가지고 있어!
전통의 도시답게 옛 전통 가옥들을 많이 볼 수 있는데, **덥고 습한 날씨**를 이겨내기 위해서 **높게 천장**을 만들고 **나무**로 만들어 바람이 잘 드나들게 만든 것이 특징이야.

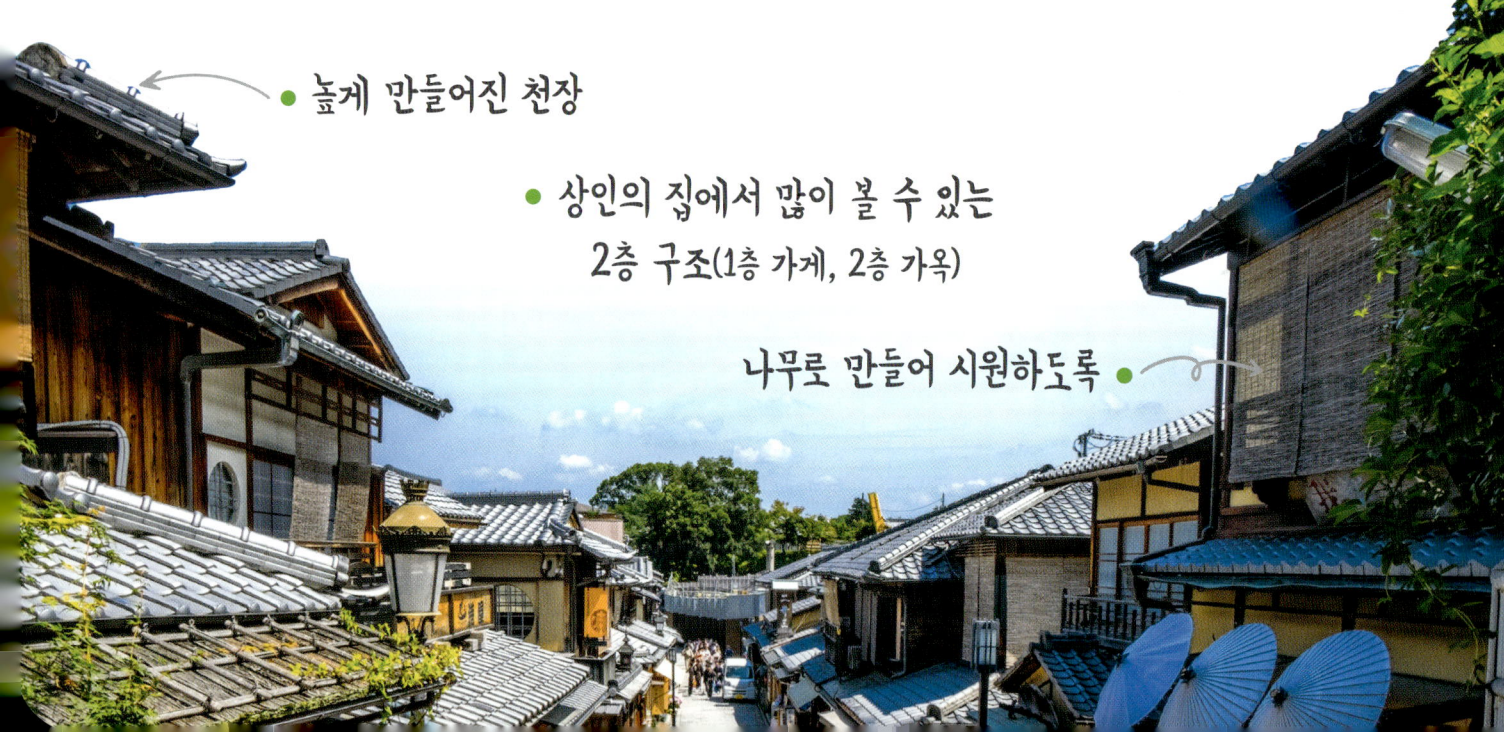

- 높게 만들어진 천장
- 상인의 집에서 많이 볼 수 있는 2층 구조(1층 가게, 2층 가옥)
- 나무로 만들어 시원하도록

2년 거리 3년 거리?
'니넨자카', '산넨자카'를 올라 보자!

청수사(=기요미즈데라)를 오기 위해 힘들게 올라 온 거리인 **니넨자카와 산넨자카**는 2년, 3년 거리라는 뜻이야.
이 거리에서 넘어지면 2년, 3년 안에 죽는다는 이야기가 있지만, 실제로는 임산부들이 아이를 잘 낳게 해 달라고 청수사에 빌고 난 뒤 아이를 낳고 다시 찾아오는 것에서 비롯된 말이라고 해.

'오토와' 산 중턱에 만들어진 청수사는 맑은 물이 흐르는 곳이라는 뜻이야.

삼중탑 너머로 보이는 '자안탑'은 산모와 아이의 건강을 소원하는 탑이야.

본당 옆에는 인연을 만나게 해 준다는 '지슈 신사'도 있어.

소원을 이루어주는 **폭포수**와 인연을 만나게 해 주는 **돌**을 찾아봐!

본당 뒤편으로 가면 세 줄기로 나뉘어 흐르는 **'오타와'** 폭포를 볼 수 있어. 바로 **청수**(=맑은 물) **사**(=절)라는 이름이 시작된 곳이야!

이 폭포수를 마시면 건강하게 해 주고 원하는 소원을 들어준대! 어때? 바라는 **소원**이 있니?

본당 옆 계단을 올라가면 인연을 만나게 해 준다는 **'지슈 신사'**가 있어. 지슈 신사에는 서로 거리를 두고 떨어져 있는 **'인연의 돌'**이 있어. 눈을 감고 걸어가서 두 개의 돌을 다 만지게 되면 인연을 찾아준대!

인연의 돌을 찾았니? 이 곳에 붙여봐!

구글 검색어 : 지슈신사

주황빛 기둥들이 늘어서 있는 '후시미 이나리' 신사로!

청수사는 잘 둘러보았니? 이번에는 아름다운 주황빛 기둥들이 **만 개** 넘게 늘어서 있는 **'후시미 이나리'** 신사로 가 보자. 이곳은 풍요의 신 '이나리'에게 농사가 잘되게 해 달라고 '이나리' 산의 흙을 뿌리며 기원했던 신사인데 지금은 사업번창이나 풍요로운 삶을 살게 해 달라는 소원을 비는 곳이래.

> 풍요의 신인 '이나리' 신에게 소원이 이루어진 것에 대한 감사함이나 소원성취를 전하기 위해 만들어진 기둥들이래.

'후시미 이나리' 신사는 **'여우신사'**라고도 불리는데, '이나리' 신의 뜻을 대신 전하는 사신의 역할을 여우가 하기 때문이래. 이곳에서는 여러 개의 여우상을 만날 수 있는데 총 4개의 물건을 입에 물고 있거나 밟고 있어.

> 영혼을 상징하는 구슬

> 부를 상징하는 창고 열쇠

> 풍요를 상징하는 곡식더미

성공을 상징하는 두루마리를 물고 있는 여우 사신상을 찾아봐!

'금각사'와 '은각사'는 무엇이 같고 다를까?

교토는 정말 볼거리가 많은 것 같아!
장소마다 특별한 모습들을 찾아내는 것도 재미있고 말이야!
특히 교토에 있는 **'금각사'와 '은각사'**는 많은 사람이 비교해 보는 곳 중 하나야.

무엇이 비슷하고 무엇이 다를까?

어? 찾았다!
둘 다 꼭대기에
봉황이 있네?

금각사는 3층이고
은각사는 2층이네?

또 어떤 점을 찾았니?

화려한 멋을 가진 '금각사'는 1397년에
일본의 왕보다 큰 힘을 갖고 있던
'요시미쓰' 장군이 만들었대.
순금으로 된 금박 20만 장을 붙여서
만들었다니 대단해!
1층은 왕이 사는 공간처럼 꾸미고
2층은 무사들의 만남의 장,
3층은 불교를 상징하는 공간으로 꾸몄지.
잘 보면 층마다 생김새가 다르지?

'은각사'는 이름에 은이 들어갔을 뿐
진짜 은이 씌워져 있지 않아.
할아버지가 만든 금각사를 보고
손자인 '요시마다'가 만든 건물이어서
은각사라고 부른대.
금각사가 단연 화려한 멋이라면,
은각사는 조용한 운치의 멋이란다.

금각사의 모습이 연못에
비추며 일렁이는 걸 보면
어떤 기분이 드니?

'고게쓰다이'는
달을 바라본다는
뜻이야.

'후지산'을
상징하는 돌로 만든
'고게쓰다이'를 찾아봐!

바람을 품은 산, 아라시야마에서 신라의 흔적을 찾아보자

멋진 유적지들을 보았다면 이제 아름다운 교토의 자연 풍경을 보러 **'아라시야마'**로 가자!
아라시야마는 **'바람의 산'**이라는 뜻이야.
도월교 밑을 흐르는 '가쓰라' 강에서 배를 타 보면 왜 바람의 산인지 금방 느끼게 될 거야.

도월교를 건너다 보면 **낮은 둑**을 발견할 수 있어. 원래 이 곳은 **습지**였는데 **1500년 전**에 이 곳에 정착한 **신라인**들이 둑을 만들면서 농사를 지을 수 있는 땅으로 새롭게 만들었대!

도월교 북쪽으로 보이는 둑을 찾았니?
이곳에 붙여봐!

자! 지금부터 우리는 신라인이 이곳에 와서 둑을 쌓았다는 증거를 찾아볼 거야.
음식점이 모여 있는 쪽으로 **'도월교'**를 다 건넌 뒤 배가 모여 있는 방향으로 5분만 더 직진하면 오도카니 서 있는 비석 하나를 발견할 수 있어!

신라인이 조상인 **도창스님**은 도월교를 만든분이기도 해.

법륜사도창유업대언지
法輪寺道昌遺業大堰址
법륜사 도창스님이 큰 둑을 만들었던 곳

구글위치번호
35.0133983,135.6747245

'도월교'는 달이 건너는 다리 라는 뜻이야.

 # 광륭사(고류지)에서 또 한 번 만나게 되는 신라의 흔적!

약 1400년 전 만들어진 광륭사는 **'진하승'**이라는 신라 출신의 신하가 '쇼토쿠태자'의 명령을 받고 만든 절이야. 이곳에서는 우리나라 국보 제 83호 금동 미륵보살 반가 사유상과 거의 똑같은 모습의 **목조미륵보살반가사유상**을 만날 수 있어!

금동으로 만든 / 반쪽만 책상다리를 하고 있고
금동 미륵보살 반가 사유상
미래에 올 희망의 부처님이 / 생각에 빠진 모습

 **QUIZ 일본의 목조미륵보살반가사유상과 비교해 보자!**

- 산이 세 개 있는 모양의 삼산관을 쓰고 있니? (O X)
- 윗옷 옷주름(혹은 목걸이)을 찾을 수 있니? (O X)
- 손이 취하고 있는 포즈가 똑같니? (O X)
- 무릎이 옷자락에 덮여 있니? (O X)
- 옷주름의 율동감이 생생히 느껴지니? (O X)

우리나라 국보 제83호 금동미륵보살반가사유상

 **목조미륵보살반가사유상 더 깊이 들여다보기**
나무로 만들어졌지만, 원래는 금가루를 겉에 발랐었대. 흔적을 찾을 수 있니?
깨달음을 얻기 위해서 깊이 생각하는 표정을 하고 있대. 너도 그렇게 생각하니?

Tip 광륭사는 아라시야마에서 멀리 떨어져 있으니 오늘 하루 일정의 마지막 코스로 가도록 하자!

일본 정원의 모범 답안이 된 소겐치 정원 앞에서 천룡을 만나자!

천룡사는 처음에는 궁궐이었다가 사찰(절)로 바뀐 곳이야.
특히 소겐치 정원이 유명한데,
산자락을 병풍처럼 펼쳐놓은 구도,
돌로 표현한 산, 모래로 표현한 바다가 특징이란다.
나무로 만든 건물은 아무래도 화재에 약하겠지?
그래서 물의 신 천룡이 법당을 지키고 있어.

> 우리나라 경복궁 경회루 연못 속에서도 청동으로 만든 용이 발견되었어. 화재가 일어나지 않기를 바라는 마음이었을 거야.

법당에서 천룡을 찾았니? 이곳에 붙여봐!

정원을 둘러보다 보면 물을 마실 수 있는 곳을 발견하게 될 거야.
그곳에 서 있는 돌을 한 번 유심히 보렴.
천룡사가 절로 만들어지기 전 궁궐로 쓰였을 때,
왕이 공부하던 곳이라는 기념으로
이 벼루를 비석처럼 세워놓았대.

벼루를 찾았니? 이곳에 붙여봐!

구글 검색어 : 텐류지 벼루 비석

바람에 흔들리는 대나무 파도를 지나, 천룡을 찾으러 가는 길

노노미야 신사는 덴노(일본의 왕)의 조상이라는 전설을 가진 태양의 신 '아마테라스'를 섬기는 신사야.

천룡사 북문 뒷편은 **죽림**(치쿠린)이 펼쳐져 있어.
이 곳에 있으면 마음까지 깨끗해지는 것 같아!
죽림을 걷다보면 노노미야 신사를 만날 수 있는데
이 곳에 있는 **거북돌**(오카메이시)을
문지르면 1년 안에 소원이 이루어진대.

속는 셈 치고 소원을 빌어볼까?

거북돌을 찾았니?
이 곳에 붙여봐!

> "교토는 우리나라 경주와 자주 비교되는 곳이야.
> 하나하나 보물들을 찾아가며 교토를 둘러보니 어때?
> 우리나라 경주에도 한 번 가 보고 싶지 않니?"

더 알고 싶다면!

4쪽 기온
기온은 불교에서 성스럽게 여기는 곳의 이름을 따서 지어진 곳이야. 그러다 보니 자연스럽게 교토는 일본에서 가장 많은 불교 문화재를 가지게 되었지.

5쪽 6쪽 청수사(기요미즈데라)
2020년까지 공사 예정인 청수사 본당은 못 하나 없이 15m의 높이로 무대를 만들었어. 이곳은 청수사에서 모시고 있는 십일면관음(11개의 얼굴을 가지고 있고, 세상의 소리를 듣는 부처)에게 춤을 바치던 곳이란다.

7쪽 후시미 이나리
곡식의 신인 이나리 신을 상징하는 동물이 여우인 까닭은 정확히 알 수 없지만, 추수 때 곡식을 쪼아 먹는 쥐들을 잡아먹으러 여우가 들판에 오가는 것을 보면서 만들어진 것이 아닐까 추측하고 있어. 유부는 '이나리'라고도 부르는데 그래서 여우상에 유부를 바치는 사람들도 있어.

8쪽 금각사와 은각사
실제로 금이 씌워져 있는 금각사와 다르게 은각사는 처음부터 은이 씌워져 있지 않았다는 것이 X-ray 촬영결과 밝혀졌대. 금각사가 쇼군(천황보다 권력이 세었던 우두머리 무사)의 강력한 힘을 보여주려고 화려함을 극치를 보여줬다면 은각사는 권력이 약해진 쇼군을 상징하듯 화려함보다는 선종을 대표하는 건물이야.

선종 : 불교의 한 갈래로써 수행을 통해 깨달음을 얻으려 함.

10쪽 목조미륵보살반가사유상
일본의 국보 1호이지만 중요성보다는 순서의 의미로 매겨진 번호란다. 우리나라 숭례문처럼 말이야. 목조미륵보살반가사유상은 깨달음을 얻고자 수행하는 모습이고. 우리나라 금동미륵보살반가사유상은 깨달음을 얻은 순간을 표현했기 때문에 수인(손가락 모양)이 달라. 우리나라 금동미륵보살반가사유상은 깨달음을 얻은 뒤 손을 뺨에서 살짝 떼고 있지.

11쪽 천룡사
선종의 시작은 중국 달마대사로부터 시작되었다고 해. 그래서 천룡사 방장에는 달마도가 그려져 있단다. 일본의 달마 인형은 두 눈의 동공이 모두 없는데 그 이유는 내가 원하는 바를 빌고 한쪽 눈을 그려 넣은 뒤 열심히 노력해서 이루고 나면 나머지 눈도 그린 뒤 절에 감사의 마음을 전하며 바치기 때문이래.

출처

4쪽	일본 교토 기온거리 사진
5쪽	일본 교토 니넨자카 산넨자카 거리, 청수사 정문과 삼중탑 사진
6쪽	일본 교토 오타와폭포, 지슈신사, 인연의 돌 입구 사진
7쪽	일본 교토 후시미 이나리 도리이, 각 지물을 문 여우 사신 사진
8쪽	일본 교토 금각사, 은각사 고게쓰다이 사진
9쪽	일본 교토 도게츠교, 가쓰라강 둑, 법륜사도창유업대언지 비석사진
10쪽	국립중앙박물관 소장 국보 제 83호 금동미륵보살반가사유상
11쪽	일본 교토 천룡사 소겐치 정원, 법당 천룡도, 벼루 비석사진 국립고궁박물관 소장 경회루 청동 용
12쪽	일본 교토 치쿠린 숲, 노노미야 신사, 거북돌 사진

세계여행 워크북
안녕시리즈

안녕!
2편 교토

⚠ 주 의

스티커를 입에 넣지 마세요.
3세 이하 어린이는 보호자의
지도가 필요합니다.